ESSAIS

SUR LA NATURE

DES

IMPOSITIONS NOUVELLES

QUI PEUVENT ÊTRE ADOPTÉES

PAR LES ÉTATS-GÉNÉRAUX,

POUR

LE SOULAGEMENT DES PEUPLES,

AVEC

ACCROISSEMENT DES REVENUS DE LA FRANCE.

PAR M^r. D'A***. DE B***.

Qui fentit commodum, debet fentire & onus.

M. DCC. LXXXIX.

AVERTISSEMENT.

Ce projet n'ayant été conçu que depuis la rédaction des Cahiers pour les Etats-généraux, le peu d'intervalle qu'il y a eu depuis cette époque jusqu'au premier mai, n'a pas permis d'entrer dans les détails qu'exigeoit un pareil travail, ni de pouvoir mettre l'ordre qu'on auroit desiré pour sa perfection.

AVANT-PROPOS.

Le déspotisme des Ministres étant parvenu à son comble, la Nation pour se soustraire au joug sous lequel elle gémit depuis si longtemps, a cru devoir demander au Roi l'assemblée des Etats-généraux, tant pour la réforme des abus qui se sont glissés dans la constitution de la Monarchie, que pour remédier à ceux qui régnent dans l'Administration actuelle des finances ; aviser aux moyens les moins onéreux aux Sujets, de subvenir aux besoins de l'Etat et de libérer ses dettes.

Le Roi ne voulant régner que pour faire le bonheur de son Peuple, s'est empressé d'accorder les Etats-généraux. Mais, hélas ! devoit-il s'attendre à voir l'anarchie qui régne aujourd'hui dans plusieurs Provinces de son royaume, sur-tout de la part du Tiers-état et du bas Clergé ?

A peine l'ordre du Clergé et celui de la Noblesse, ont-ils consenti à être imposés comme l'ordre du Tiers, que celui-ci, fier de cet avantage, ne connoît plus de bornes, il se croit en droit de détruire tout ce qui paroît contrarier son desir de

A

dominer, il s'érige en législateur, et veut réformer tout ce que son ignorance (1) et l'envie du bonheur des autres lui font voir comme abus; ses doléances ne tendent qu'à des suppressions, et à la violation des droits les plus sacrés de la propriété; oubliant le but qui rassemble les Etats-généraux, il ne songe pas que ses doléances ou ses demandes, doivent sur-tout frapper sur l'étendue des impôts, sur leur arbitraire, sur l'iniquité de leur perception, sur les entraves mises au commerce et à l'amélioration de l'agriculture, qui peuvent seuls fournir les moyens de remplacer les suppressions qu'il demande, de faire face aux charges de l'Etat, et d'éteindre les dettes, qui ne peuvent être acquittées par le Clergé et la Noblesse seules, mais par toute la Nation.

Il est vrai que plusieurs Ecrivains ont proposé des projets; mais la plupart ne sont pas admissibles : celui de l'impôt unique, par exemple, ainsi que celui de la capitation universelle, ne sont-ils pas de

---

(1) L'ignorance ici est relative à ces prétendus esprits forts, qui se font gloire de ne professer aucune religion, & qui ne connoissant pas même les premiers principes de la religion catholique, prétendent cependant avoir droit de la réformer, & de détruire l'harmonie qui règne dans le Clergé, en supprimant la hiérarchie ecclésiastique.

pures chimeres , où l'arbitraire sera le moindre abus , et où les gens puissans trouveront moyen, par leur crédit, de se faire exempter ou décharger ? Ces impôts ne tombant que sur une partie de la Nation , il sera presqu'impossible de désigner la classe qui y sera soumise ; tel qui paroit fortuné ne l'est souvent pas , au lieu que ceux qui sont le plus en état, sauront cacher leur fortune ; celui qui est riche aujourd'hui , et dans le cas de payer la taxe à laquelle il sera imposé , peut être ruiné le lendemain , soit par accident ou autrement , d'où il suit que ces impôts seroient casuels ; or , le Gouvernement ne pouvant faire fonds sur de pareils revenus, ces systêmes ne peuvent être admis.

L'impôt territorial est certainement le plus juste et le plus propre à régénérer et à faire le bonheur de la France ; mais la plupart de ceux qui ont écrit en faveur, laissant subsister une partie du systême actuel, ainsi que les Fermiers-généraux , ou ayant égard aux privileges du Clergé , de la Noblesse et des pays d'Etat , etc. qui ne sont pas imposés au prorata du reste du royaume , ils ne peuvent avoir lieu, sur-tout dans la circonstance actuelle, où tout Citoyen doit payer selon sa fortune, son commerce ou son industrie.

C'est d'après l'insuffisance de tous ces systêmes réunis , que je crois pouvoir mettre sous les yeux du Gouvernement et des Etats assemblés, cet Essai que je soumet à leur jugement. Je compte d'autant plus sur leur indulgence , qu'il ne contient que des moyens très-simples , dont l'exécution sera soumise aux besoins de l'Etat , aux usages des lieux , et aux circonstances , sous l'administration des Etats des provinces, de maniere que tout Sujet qui participera aux avantages du Gouvernement, contribuera par proportion aux charges ; ainsi le Clergé et la Noblesse payant comme le Tiers , ce dernier ordre ne sera pas assez injuste , pour exiger que les deux premiers lui soient égaux en tout, et abandonnent leurs privileges , qui sont pour eux des propriétés aussi sacrées , que le champ et la chaumiere du Payfan.

ESSAIS

SUR LA NATURE

Des impositions nouvelles qui peuvent être adoptées par les Etats-généraux, pour le soulagement des Peuples, avec accroissement des revenus de la France.

Qui fentit commodum, debet fentire & onus.

CHAPITRE PREMIER.

MOTIFS DU PROJET.

Dans la détresse où se trouve aujourd'hui la France, il est évident que le systême actuel de l'Administration des finances ne peut plus subsister; que le fifc ayant épuisé tout ses moyens, il faut nécessairement chercher d'autres ressources, et revenir aux systêmes réunis des deux plus grands Ministres qui ayent existé depuis la fondation de la monarchie Françoise, Sully et Colbert.

Sully, par la seule ressource de l'agriculture, a rétabli les finances de l'Etat, payé les dettes, et laissé des trésors ; Colbert, par une route différente, n'a pas moins servi Louis XIV, et auroit surpassé Sully, s'il n'eut pas, en détrui‑ sant l'agriculture pour protéger le com‑ merce, énervé les ressources de la France. Il est certain, d'après ces deux grands hommes, que l'agriculture et le commerce, sont les seuls trésors où la Nation puisse trouver les fonds nécessaires, à l'acquit de ses charges et à la libération de ses dettes. L'agriculture est l'ame du com‑ merce, et le commerce est le soutien de l'agriculture ; ce systême fondé sur des principes équitables, ne peut manquer de réussir ; dirigé par des moyens simples, l'exécution en sera sûre et rapide ; l'équité consistera dans l'égalité et la généralité de la répartition, et la simplicité en pros‑ crira toute complication dans l'assiette des contributions, et dans les moyens de per‑ ception, dont l'économie sera la base.

C'est dans l'impôt territorial seul, qu'on pourra trouver tous ces avantages. Plu‑ sieurs écrivains l'ont démontré, deux entre autres méritent l'estime de toute la Nation, par la maniere dont ils ont écrit relativement à l'Administration actuelle des finances. Le premier, auteur d'un ouvrage intitulé : *de l'administration pro-vinciale, et de la réforme de l'impôt, imprimé à Basle en* 1779. Le second, M^r. le Cte. de Lamerville, dont l'ouvrage a pour titre : *Plan d'une restauration générale dans les finances,* ou *de l'impôt territorial, combiné avec les principes de l'administration de Sully et de Colbert, etc. imprimé à Strasbourg en* 1788. Après avoir fait voir, fort au long, combien le systême actuel est monstrueux dans ses principes, inquisitoire dans ses moyens, et ruineux pour l'Etat dans sa perception, ils ont établi les avantages que présente l'impôt territorial; enfin tous deux touchés des maux de leur Patrie, et animés du même zele, ont mis au jour les ressources qui restent à la Nation, si elle veut se régénerer, et lui ont indiqué les moyens de s'en servir. M^r. de Lamerville sur-tout, y a mis le plus bel ordre; mais ses moyens, quoique bien conçus dans la spéculation, ne le paroissent pas également dans la pratique; et dans la crise actuelle, où il est nécessaire d'exécuter sur le champ, on pourroit regarder son plan comme im-praticable.

INCONVÉNIENS

Du plan de M. de Lamerville.

M^r. de Lamerville propose, 1°. de former un cadastre, d'après un arpentage général, de toutes les propriétés du royaume ; 2°. de laisser subsister les Fermiers-généraux, avec une partie des impôts actuels, sous une autre forme ; 3°. de remplacer les gabelles par une taxe de quatre et trois sous pour livre de la totalité des impôts ; 4°. de taxer les maisons de la ville et une partie seulement de celles de la campagne, sur le pied du quart du loyer ; 5°. il impose trop fort les fonds de terres, relativement aux autres objets sujets à l'impôt ; 6°. il ne fait contribuer que les propriétaires d'immeubles et les rentiers, aux charges de l'Etat, et conserve dans leurs immunités pécuniaires le Clergé, la Noblesse et les pays d'Etat, etc. Or, cela ne peut avoir lieu par les raisons suivantes.

1°. Le cadastre qu'il propose est sujet à des abus qui le rendront sans effet, 1°. parce que l'arbitraire y aura nécessairement lieu ; 2°. parce qu'il sera sujet à des changemens sans nombre et continuels, d'où naîtront tous les jours des difficultés interminables , entre les propriétaires de certaines provinces, lorsque leurs titres ne seront pas clairs , par exemple, s'ils n'énoncent pas une quantité déterminée de leurs propriétés; l'un prétendra qu'il lui appartient telle quantité, l'autre lui contestera ; comment terminer ces différends , pour la confection du cadastre ? attendra - t'on la décision de la justice ? s'il s'éleve beaucoup de difficutés semblables , quand en verra-t'on la fin ? si on veut aller en avant , donnera-t'on droit à l'un au détriment de l'autre? Alors celui qui se croira lezé, ou attaquera son adversaire en justice , ou cherchera par une anticipation imperceptible , d'année en année , à rentrer dans son terrain ; nouveau sujet de procès ; ce cas peut également exister sans le cadastre; mais avec le cadastre , il arrivera nécessairement que celui auquel on aura pris du terrain , payera pour une plus grande quantité que celle dont il jouira réellement , tandis que celui qui aura repris le terrain ne payera pas pour tout ce dont il jouira.

D'après cela , il est clair qu'il faudra un temps infini pour la confection exacte du cadastre : s'il doit être fait au compte des communautés, combien n'y en aurat'il pas , dans certaines provinces , qui seront hors d'état d'en faire les frais ? D'ailleurs, quelles connoissances et quelle exactitude ne faudra-t'il pas de la part des experts , pour classer les **différentes** **especes** de terres , afin que **personne ne** soit lezé?

Comment pourra-t'on connoître la valeur d'un terrain quelconque? sera-ce par son rapport apparent? C'est une erreur. Car d'où dépend la fertilité d'un champ? C'est souvent , et presque toujours , de la bonne culture donnée à propos , de la quantité et qualité des engrais qu'on y met, enfin du plus ou moins de semence qu'on y jette , plutôt que de la bonté du sol. Ne voit-on pas souvent que les meilleurs terres , entre les mains d'un mauvais cultivateur (combien n'y en a-t'il pas?) rendent peu ; tandis que des terres médiocres , entre les mains d'un bon cultivateur , deviennent bonnes et fertiles. Le même inconvénient aura lieu , si l'on taxe d'après le sol et la qualité de la terre ; cette maniere de taxer sera donc défectueuse , pour ne pas dire injuste , par conséquent sujette à des réclamations continuelles : quel moyen plus favorable pour diminuer la taxe de l'un et augmenter celle de l'autre ! alors cet impôt ne sera plus l'impôt d'équité, tous les ans on sera dans le cas de faire un nouvel arpentage et un nouveau cadastre, ce qui deviendra très-coûteux.

On convient que s'il étoit fait exactement, comme celui qui existe en Angleterre, il pourroit peut-être subsister; mais indépendamment de ce que je viens de dire, la perception de l'impôt territorial en argent, sera sujette aux mêmes abus que celle des impôts actuels, puisqu'avec du crédit, les gens puissans pourront se faire diminuer, et même décharger en entier; enfin on trouvera moyen de ne pas payer, quoique taxé, les frais seront les mêmes, ou à-peu-près les mêmes.

Je ne parlerai point du peu de foi qu'on pourra avoir aux déclarations des propriétaires, qui seront dans le cas de faire des baux simulés, des moyens qu'on prendra pour se faire ranger au nombre des privilégiés et exempts, ni des démarches coûteuses qu'on sera forcé de faire, pour demander une décharge ou indemnité en cas d'accidens.

2°. On ne peut laisser subsister les Fermiers-généraux, car si après avoir supprimé les gabelles, les aides, l'impôt du tabac, les traites, ect. on les conservoit en totalité ou en partie, il y auroit bien à craindre, que puissans comme ils sont, ils ne fissent naître des difficultés et ne missent directement ou indirectement des entraves à l'exécution du nouveau plan, pour rétablir le systême actuel qui leur est si avantageux ; avec de l'argent ils applaniroient bientôt les obstacles qui pourroient se rencontrer, lorsqu'il n'y auroit plus, à la tête des finances, un Ministre ferme et ami de la justice ; le nouveau régime se trouvant sans appui, s'écrouleroit bientôt ; d'ailleurs, si le Gouvernement conservoit quelques parties qui les concernent, ne seroit-il pas plus sûr de les confier à des régies émolumentées (1), qui seroient moins coûteuses que si on exigeoit des fonds d'une compagnie, qui croiroit, comme celles d'aujourd'hui, avoir le droit de vexer les Peuples, et d'accroître les moyens de s'enrichir, en donnant des extensions à leur tarif, et à laquelle il faudroit payer des intérêts toujours à charge à l'Etat.

3°. Les gabelles peuvent être remplacées d'une maniere moins onéreuse ; personne n'ignore combien les marais salans, les sources et fontaines d'eau salées rap-

----

(1) Dont les membres répondroient de leurs actions par des immeubles suffisans, appartenans à eux ou à leurs cautions.

portent aux propriétaires à qui ils appartiennent ; en conséquence, au lieu d'en charger les propriétés foncieres et territoriales, on pourroit mettre un impôt de 3 deniers par livre de sel, qui se payeroient à la sortie de la saline, pour tout ce qui se consommeroit dans le royaume ; et un second de 3 autres deniers par livre sur celui qui seroit exporté à l'étranger : lesquels seroient perçus à la sortie des ports et aux barrieres qui seroient sur les frontieres. J'en développerai le produit dans son lieu.

4°. La taxe du quart du loyer sur les maisons, et l'exception qu'il fait de celles nécessaires à l'agriculture, est contraire à l'équité, parce que si les propriétaires des biens-fonds évaluent dans certaines provinces, les maisons de ferme, indépendamment des terres, il est juste qu'ils en paient l'impôt, comme celles de la ville, qui seroient trop grêvées, si on les taxoit au quart du loyer, sans avoir égard aux charges d'entretien et aux droits de villes qui sont très-onéreux.

5°. Les biens territoriaux sont trop imposés ; car si à la taxe pour le rachat des gabelles, à celles des vingtiemes, de la taille, etc. qui en font la base, on ajoute les frais que le cultivateur est tenu de faire pour parvenir à former, avec ses denrées, la somme nécessaire à l'acquit de l'impôt, tant les siens que ceux de son maître, les charges affectées sur les biens, comme dixmes, champarts, terrages, cens, ect. et autres droits seigneuriaux dont il ne parle pas, ainsi que l'entretien de ces biens ; il arrivera souvent, que le tiers réservé aux charges, ne suffira pas pour les acquitter toutes : il seroit donc juste de les taxer plus bas, et de faire contribuer les autres objets à proportion.

6°. Tous les Sujets devant, sans distinction et exception, contribuer aux charges de l'Etat, pourquoi les cultivateurs et propriétaires de fonds, seroient-ils chargés de tous les impôts, tandis que les financiers et les commerçans ne paieroient rien, ou presque rien ? Suivant lui, ces derniers et le reste des Sujets du royaume, paient pour les loyers des villes et sur les consommations ; les propriétaires de fonds de terres demeurant à la ville, ne paient-t'ils pas également leurs loyers, et ne consomment-ils pas comme eux ? Si tous les Sujets de l'Etat partagent les avantages, ils doivent également partager les charges ; en faisant contribuer tout le monde, personne n'aura plus sujet de se plaindre. Ainsi il est donc nécessaire d'établir une taxe d'industrie, pour ces classes d'individus, laquelle soit proportionnée, autant qu'il sera possible, à leur fortune et au gain qui peut se faire dans chaque état.

C'est d'après les observations qu'on vient de voir, que je crois pouvoir proposer le Projet suivant, qui, fondé sur les mêmes principes, paroîtra moins onéreux et plus équitable, en ce qu'il n'y aura personne d'exempt.

CHAPITRE IIe.

CONDITIONS PRÉLIMINAIRES.

Pour l'exécution de ce Projet dicté par l'équité la plus scrupuleuse, il est absolument nécessaire que tout le territoire en général du royaume, y soit soumis, même les domaines du Roi ou de l'Etat, les apanages des Princes, tous les biens privilégiés du Clergé et des ordres militaires, comme ceux de Malthe, de saint Lazare, etc.

CHAPITRE IIIe.

PLAN DU PROJET.

Ce projet consiste, 1°. dans une taxe proportionnelle sur tous les biens-fonds territoriaux du royaume, sans exception, qui sera levée en nature sur les objets décimables, et en argent sur les objets non décimables, ainsi que sur toutes les maisons, tant de la ville que des campagnes, selon leur valeur réelle ou leur produit.

2°. Dans une taxe proportionnelle attachée aux charges et emplois généralement quelconques, tant de la Couronne que de la Cour, du Militaire, de la Magistrature et de la Finance ; enfin, dans une capitation d'industrie, sur les Banquiers, Agens de change, Agioteurs, etc. sous quelle dénomination ils puissent exister ; sur les emplois ou commissions lucratives, ou à émolumens fixes.

Sur toutes les Fabriques, Manufactures, Entreprises ou Etablissemens qui pourront se trouver dans le royaume : sur tous les Commerçans et Négocians, tant en gros qu'en détail ; les Marchands - colporteurs et autres, tels petits qu'ils puissent être ; sur les arts et métiers lucratifs ; sur les ouvriers en tous genres des deux sexes ; fur les Manœuvres, Journaliers, etc. enfin, sur tous les Domestiques tant de la ville que de la campagne, dans le nombre desquels seront compris tous ceux et celles qui tirent quelques gages ou profits de leur service ; de maniere qu'il n'y aura d'exempts

de

de cette capitation d'industrie, que la Noblesse, le Clergé, les Cultivateurs maîtres et les Propriétaires de fonds territoriaux, ne possédant aucunes charges ni emplois et ne faifant aucun commerce.

Tous les rentiers payeront un vingtieme sur leurs rentes, billets ou contrats. Il sera fait par les Etats-généraux, dans chaque province, des classes de chaque état, et des taxes tellement proportionnées, qu'on ne payera qu'autant qu'on aura de fortune, ou qu'on fera un commerce plus ou moins étendu.

CHAPITRE IVᵉ.
DÉVELOPPEMENT DU PLAN.

1°. Répartition des objets territoriaux à lever en nature.

Les terres labourables à grains dans la totalité du royaume, peuvent être distinguées de quatre especes différentes, non relativement à leur produit apparent, comme je l'ai fait voir, mais par rapport à la nature du sol et à leur profondeur. Elles seront classées par gens experts ; savoir, en premiere qualité, en seconde médiocres et mauvaises, qui seront taxées suivant que les provinces seront plus ou moins déchargées par la suppression de la gabelle et des aides.

B

ARTICLE PREMIER.

Les provinces d'aides et gabelles pourront être taxées, la premiere qualité à la 14e gerbe, soit de froment ou autres grains, suivant l'usage et la nature des lieux ; la seconde à la 15e, les médiocres à la 16e, et les mauvaises à la 18e. Celles de petites gabelles avec les aides, pourront être taxées ; la premiere à la 15e, la seconde à la 16e, les médiocres à la 17e, et les mauvaises à la 19e. Celles d'aides et franches de gabelles, ne payeront qu'à la 18e, la 19e, la 20e et la 22e. Celles des gabelles sans aides, ne payeront, comme les Evêchés, la Lorraine, etc. qu'à la 18e, 19e, 20e et 22e, etc.

Cette différence des taxes est fondée, 1°. fur ce qu'il en coûte autant, et même plus, pour tirer parti des mauvaises terres, que des bonnes qui sont naturellement fertiles ; et parce qu'elles exigent plus de culture, qu'elles sont plus difficiles à bien cultiver, qu'elles ont plus besoin d'engrais et d'une plus grande quantité de femences.

2°. Sur ce qu'il y a des villages et même des provinces entieres, où il n'y a point de terres de la premiere qualité, ni même de la seconde, comme dans une partie de la Champagne et autres provinces, et on doit y avoir égard ; car si celles où il ne s'en trouve pas des dernieres qualités, n'étoient pas taxées par proportion, il arriveroit qu'elles auroient tout l'avantage, tandis que les autres seroient écrasées.

Les Fermiers des champarts, cens ou autres droits seigneuriaux et les décimateurs, lorsqu'ils leveront en nature, payeront en nature à la 10e, 12e, 16e, etc. selon la quantieme mesure à laquelle ils leveront ces droits, c'est-à-dire, que celui qui levera la dixieme gerbe ou autre mesure, payera à la 10e, attendu qu'ils n'ont aucun frais de culture, d'engrais ni de femence à faire.

Les terrains qu'on défrichera, lorfqu'ils feront de mauvaise nature, et qu'ils n'auront jamais porté, ne seront classés qu'au bout de six ans, pendant lequel temps ils ne payeront que la taxe en argent, à laquelle ils étoient imposés avant le défrichement, afin de dédommager en partie le cultivateur de ses avances. Il sera nécessaire de faire un réglement par rapport à ces défrichemens de terres incultes et friches, afin d'empêcher, autant qu'il sera possible, que les eaux n'en entrainent les terres ; celles qui sont sur les montagnes et dans les pentes, étant fort sujettes à ces dégradations, auxquelles on peut parer, sinon en totalité au moins en partie.

Les bois nouvellement défrichés, ainsi que les prés, même les prés artificiels et les pâquis de bonne nature, payeront les trois premieres années en nature, comme médiocres, parce que ces terreins étant d'un très-grand rapport, le cultivateur sera suffisamment dédommagé de ses frais pendant ce tenps, ils seront ensuite taxés selon leur valeur.

Les terres en repos, dans lesquelles les cultivateurs auront semé des vesces, pois gris et autres grains ronds, ou herbages quelconques, pcur la nourriture de leurs bestiaux, ne payeront rien lorsqu'ils les couperont en verd.

Article 2e.

Tous les prés en général pourront être classés, pour être levés en nature, soit qu'ils soient humides, ou secs, ou artificiels, et seront taxés selon le sol et leur fertilité ; et comme il n'y a point de frais à faire, tant en culture qu'en semence, la premiere qualité payera à la 12e botte ou autre mesure ; la seconde à la 14e, et la derniere à la 16e ; s'il y a des charges en nature, elles seront payées en nature, à la même proportion que celles des terres, par les Fermiers de ces droits ; si elles sont en argent, elles seront évaluées, pour en être fait état.

Les prairies, pâturages et pacages, réservés pour l'engrais des bœufs et la nourriture des jumens et poulains dans les haras, etc. seront estimés en argent, selon le sol et leur produit, ou selon les baux, à 8 liv. la premiere qualité, à 6 liv. la seconde, et 4 liv. l'arpent la derniere, ou au dixieme du produit du bail.

A R T I C L E 3e.

Les terreins vagues et incultes, les friches arides des montagnes, landes, fourrieres, etc. feront classés et taxés en argent, selon le sol et l'emploi auquel ils seront destinés, depuis 2 livres jusqu'à 10 sous l'arpent : on croit devoir taxer ces objets, 1°. parce qu'il y a des provinces où il se trouve une quantité considérable de terrains excellens, autrefois en prés, que les Propriétaires, les Fermiers et les Communautés laissent incultes (1), par paresse, sous

---

(1) Les Communautés, dans certaines provinces, possédent, collectivement, des biens considérables, qui ne restent en friche que parce qu'ils sont en commun. Si ces biens étoient partagés, ils seroient bientôt défrichés ; d'ailleurs ce seroit pour chaque habitant une propriété qui l'attacheroit à son village, & qui, lui fournissant en partie de quoi vivre, l'empêcheroit de devenir

prétexte qu'ils servent à la nourriture de leurs bestiaux ; ce qui prive l'agriculture d'un fonds précieux, qui rendroit au centuple, s'ils étoient mis en valeur.

2°. Parce que cette taxe forcera les propriétaires à les défricher, soit pour les mettre en nature de prés ordinaires, s'ils y sont propres, en terres labourables, ou en prés artificiels, s'ils ne font que de médiocre qualité ; pour y faire des plantations de vignes dans les côteaux favorables, et d'arbres fruitiers ou autre nature quelconque fur les montagnes, afin d'empêcher la grande chaleur et le froid de dessécher les herbes qui y croîtront pour la nourriture des troupeaux de moutons et de chèvres.

Article 4ᵉ.

Vignes.

Les vignes peuvent être classées, pour

---

vagabond, & d'aller chercher de l'ouvrage dans les villes & hors de leur pays.

Les motifs pour lesquels ils ne prennent pas d'intérêts à ces biens en commun, font que tout le profit qu'on peut en tirer, devient la proie des Maîtrises & des Intendans, de maniere que telle Communauté qui a pour 3000 livres de rente de biens-fonds, & qui pourroit vivre à l'aise fi ces biens étoient partagés, ne retire souvent pas de quoi payer les frais de Communauté & acquitter ses charges. Leur intérêt & celui de l'agriculture, seroient donc de partager ces biens communaux.

le fruit être levé en nature, d'après la qualité du sol et le produit. Les provinces renommées pour la qualité du vin ne devant pas avoir plus d'avantage que celles où le vin est médiocre, paroissent devoir être taxées en conséquence : par exemple, la Bourgogne, la Champagne, le Languedoc, la Provence, le Dauphiné, le Roussillon, etc. étant dans le cas de vendre leurs vins beaucoup plus cher lorsqu'il n'y aura plus d'aide, peuvent être taxées à la 12ᵉ mesure, pour la premiere qualité, à la 14ᵉ pour la seconde, à la 16ᵉ pour la troisieme, et à la 18ᵉ pour la derniere.

Les provinces du second rang, comme l'Orléanois, l'Anjou, le Blaisois, le Barois, etc. seront taxées à la 16ᵉ, 18ᵉ, 20ᵉ et 22ᵉ, les dernieres qualités, à la 20ᵉ, 22ᵉ, 24ᵉ et 26ᵉ. Les charges qui seront levées en nature, seront également payées en nature par les Fermiers desdits droits et par les décimateurs, dans la même proportion que les grains et foins ; celles qui seront en argent, seront évaluées pour en être fait état. Mais comme les usages sont différens suivant les pays et les lieux, que dans les uns la dixme et les autres droits se paient à la vigne, en raiſin, et que dans les autres ils se levent en vin à la cuve ou au pressoir, etc. il sera fait dans chaque lieu un réglement relatif aux us et coutumes de ces lieux, et on calculera combien de hottes ou autres mesures de raisin, il faudra pour l'acquit des charges, qu'on déduira avant de lever l'impôt.

Les vignes nouvellement plantées, seront six ans franches en nature, et paieront seulement la taxe à laquelle le terrain étoit imposé avant la plantation ou défrichement, de maniere que le propriétaire soit dédommagé de ses frais; les terrains où l'on aura arraché de la vigne paieront en nature, s'ils portent des denrées décimables, et en argent, si elles ne le sont pas, suivant la valeur du sol.

A R T I C L E 5e.

Bois.

Les bois de toutes especes, en coupes réglées, soit futaies ou taillis, seront taxés en argent; savoir, les hautes futaies en quart de réserve, 3 livres et au-dessus, selon leur valeur et le prix des bois sur les lieux; ils seront regardés comme haute futaie au bout de trente ans : les taillis en coupes réglées, pourront être taxés 10 sous et au-dessus, depuis la derniere coupe, jusqu'à l'âge de dix ans ; 20 sous depuis dix jusqu'à vingt ans, et 3o sous et au-dessus, depuis vingt jusqu'à trente ans, selon la valeur du sol et le prix du bois sur les lieux. On comprend dans cet article les saulsayes et saulcis, plantés ou crus naturellement dans les marais, îles et îlettes, qui seront taxés depuis 3o sous jusqu'à 3 livres l'arpent, suivant le produit et le prix de ces objets sur les lieux.

ARTICLE 6e.

Les parcs, les clos, les garennes, les jardins plantés en bosquets et charmilles, etc. pour le luxe et l'agrément, seront taxés depuis 6 livres jusqu'à un écu l'arpent, selon la valeur du sol qui pourroit être mieux employé ; on comprendra en cet article toutes les plantations en avenues.

ARTICLE 7e.

Les jardins potagers attachés aux maisons, soit de ville ou de campagne, lorsqu'ils passeront un demi-arpent, seront taxés sur le pied de 3 livres l'arpent, s'ils ne sont pas à loyer ; au-dessous d'un demi-arpent, ils seront compris dans la taxe des maisons.

Les jardins potagers des jardiniers, ceux plantés d'arbres fruitiers, les pépinieres, et généralement tous les terrains employés au jardinage et pour des légumes, seront taxés depuis 3 livres jusqu'à 5 livres, selon le produit et le sol ; les marais-salans, fontaines et sources d'eau salées, seront également taxés comme territoire, sur le pied des meilleurs prés, depuis 10 livres jusqu'à 6 livres l'arpent, selon l'estimation des experts.

ARTICLE 8e.

Les fleuves, les grandes et petites rivieres, les lacs, bras de mer et de rivieres anciennes, les étangs, les canaux, les mares, réservoirs, etc. susceptibles de quelque produit, seront taxés selon leur rapport et selon les baux. Ce sera aux Etats-généraux à prendre les renseignemens convenables sur ces objets.

CHAPITRE Ve.

PROJET DE PERCEPTION EN NATURE.

L'impôt en nature sera levé par des fermiers, auxquels les Etats-généraux des différentes provinces, passeront des baux semblables à ceux des dixmes; pour être admis à enchérir, il faudra être bien cautionné ou avoir des biens-fonds, pour au moins le double du prix du bail.

Chaque fermier ne pourra avoir qu'une seule recette, à moins qu'elle ne soit trop modique, les moindres seront de 2000 livres, et les plus fortes de 12000. Tout gentilhomme et personne bien née, pourront tenir de ces baux sans déroger, ils seront même préférés aux cultivateurs, afin qu'ils ne soient pas détournés de leurs travaux, par cette occupation qui demandera du temps et des connoissances pour la confection des rôles et des états, et pour laisser une ressource à ceux dont les places seront supprimées dans la finance ou dans les fermes.

Ils auront pour les guider dans leur perception, 1°. une carte topographique, du territoire en gros de leur district, sur laquelle seront désignées les limites des différentes classes de terres, avec la marque qui en indiquera la qualité ; 2°. un réglement relatif aux us et coutumes du lieu, dans lequel seront détaillés tout ce qui devra être fait, tant de la part des propriétaires que de la part du fermier de l'état ; 3°. un état des droits et charges dûs sur chaque propriété, avec l'évaluation de ce qui doit en revenir au fermier. Ces trois articles seront arrêtés par les Etats-généraux de la province, vérifiés dans les Parlemens où ils seront registrés, ainsi que dans le greffe de chaque justice, pour y être public et y avoir recours en cas de discussion; d'après ces précautions il ne pourra y avoir de difficultés.

Lors de la récolte, après que la dixme et les autres droits qui seront dûs sur les propriétés seront levés; le fermier de l'état levera ce qui lui sera dû, sans distinction et exception de personne, selon les différentes taxes auxquelles les terres ou autres articles auront été imposés; et il ne pourra y avoir de changement qu'autant qu'il y aura une dégradation totale, ou une amélioration bien évidente et permanente du sol.

Le même fermier sera en même-temps chargé de percevoir l'impôt des objets non décimables, taxé en argent comme celui en nature, même celui des maisons qui se trouveront dans son district. Les rôles qui seront faits pour ces deux articles feront sa régle, ils seront revêtus des mêmes formalités que les articles ci-dessus, et seront rendus publics; de cette maniere il en coûtera peu pour la perception, et le prix de chaque bail entrera net dans les coffres de la province.

La variété des usages et des coutumes (1,,

______

(1) Si les Etats-généraux s'occupent, pendant leurs séances, d'un nouveau code judiciaire, il seroit essentiel qu'on arrêtât qu'il

ainsi que des objets et la différence de leur valeur, ne permettant pas de statuer définitivement, on a cru devoir laisser aux Etats-généraux des provinces, la faculté de faire les réglemens convenables pour chaque lieu; de fixer la taxe des charges et des maisons, tant de la ville que de la campagne, ainsi que de repartir la capitation d'industrie, parce qu'ils seront plus à portée, d'après les besoins de l'état, de connoître la fortune de chaque individu, l'étendue de leur commerce et le lucre des gens d'arts et métiers.

---

n'y aura plus qu'une seule coutume dans tout le royaume, ou au moins dans le ressort de chaque Parlement; cela diminueroit de beaucoup le travail et proscriroit une infinité de difficultés et de chicanes, dans les affaires qui seroient moins nombreuses, parce que la plupart des procès ne viennent souvent que de la différence de ces coutumes, qui donnent droit dans un lieu et qui condamnent dans l'autre; il en est de même des poids et mesures. Il n'y auroit cependant rien de plus facile que de remédier aux abus qui proviennent de leur différence d'un lieu à un autre. Combien de friponneries en tout genre ne se commet-il pas tous les jours? Si on assignoit une seule et unique mesure et poids par-tout le royaume, il n'y auroit rien de plus facile à régler les différentes mesures dessus. Par exemple, si on vend une marchandise à une mesure inférieure, 6 livres la livre ou l'aune, on calculera la différence qu'il pourra y avoir, et on la fera payer en conséquence; si au contraire c'est une mesure plus grande que celle qu'on aura indiquée, on diminuera en proportion; il en sera de même de tous les objets qui pourront être différens; en calculant on connoîtra bien vite de combien sera la différence en plus ou en moins. La même marche s'observera pour les cens & autres droits dûs en argent ou en denrée. Cette opération diminueroit beaucoup la répartition & les frais de réglemens, pour la levée des impôts dans les différens lieux.

CHAPITRE VIe.

AVANTAGES

De la maniere de percevoir l'impôt en nature.

On convient que l'impôt territorial perçu en nature n'est pas sans inconvéniens, mais ils sont moins grands qu'en argent, et il sera plus facile d'y remédier ; les avantages d'ailleurs qui en résulteront, doivent faire préférer cette maniere. 1°. Elle proscrit toute partialité, le grand comme le petit payera à proportion de ce qu'il possédera. 2°. Avec peu de frais et de temps, on pourra mettre ce plan à exécution (1), parce qu'il n'exige pas une connoissance parfaite de la quantité déterminée du terrain de chaque propriétaire, au moins pour les objets décimables, ni même absolument parler de la qualité du sol ; l'impôt étant toujours relatif au

____

(1) Si les Etats généraux et le Gouvernement admettoient l'exécution de ce plan, il pourroit avoir lieu à la récolte 1790, en ordonnant dans chaque village ou district du royaume, de donner un état exact de la récolte prochaine 1789, déduction faite de la dixme et des autres charges. Les Intendans, dans chaque généralité, pourroient être chargés de faire faire ces états, ainsi que le dénombrement des maisons, châteaux, &c. qui peuvent se trouver, tant dans les villes que dans les campagnes.

produit. 3°. Les propriétaires de fonds en tireront le plus grand avantage , parce que le fermier de l'impôt auquel il importera de tirer le meilleur parti de son bail , sera chargé de veiller à ce que les cultivateurs labourent bien , et , dans les saisons , mettent les engrais nécessaires et la semence suffisante , sur-tout à ce que les terres ne soient pas négligées; il désignera les terrains propres au défrichement , et l'emploi qui pourra en être fait suivant la qualité du sol , afin de pouvoir les classer. Il sera également autorisé à faire cultiver à son compte , tous les terrains qui seront abandonnés, soit par paresse de la part du propriétaire , du fermier ou des communautés , soit pour cause de procès ou de fuite du maître du fonds ou de son fermier ; à la charge de payer tous les droits qui seront dûs pour ces terrains , ainſi que le fermage. Dans le cas où ce sera le défaut de moyen qui occasionnera cet abandon , il sera tenu de faire des avances qu'il retirera en nature , lorsqu'il ne pourra être payé en argent. D'après cela on peut concevoir combien l'agriculture s'améliorera et fournira de ressources aux cultivateurs, pour payer leur maître et vivre aisément , puisqu'ils ne seront plus dans le cas de faire des démarches pour se faire décharger de la sur-taxe ; qu'ils ne craindront plus les saisies si souvent répétées pour leur faire payer l'impôt (1).

Lorsque le produit de leurs terres, prés ou vignes, etc. sera modique, ils payeront peu ; lorsqu'il sera plus considérable, ils payeront davantage; lorsqu'il leur arrivera quelques accidens et qu'ils ne récolteront rien, ils ne payeront rien; enfin lorsqu'ils auront une fois payé en nature au champ, ils pourront disposer sans inquiétude à leur gré du produit de leur ferme, ainsi que les propriétaires de leur revenu, puisque cet impôt payé au champ, tiendra lieu de tout *tant pour l'un que pour l'autre.*

CHAPITRE VIIe.

PRODUIT PAR APPERÇU

De l'impôt territorial, partie en nature, partie en argent.

Ayant laissé aux Etats-généraux des provinces la faculté de faire les taxes relativement aux besoins de l'Etat, je ne puis

---

(1) Les provinces les plus fertiles et les plus chargées, ne payeront pas pour les biens-fonds territoriaux, au-delà d'un douzieme, et les plus foibles un dix-huitieme au plus. Les maisons un vingtieme, les charges de même, ainsi que les contrats & billets portant intérêt, &c.

que

que donner un apperçu du produit de l'impôt territorial, etc.

La France a environ 230 lieues de longueur sur 200 de largeur, qui produisent 46000 lieues quarrées, lesquelles forment un territoire d'environ 140 millions d'arpens ; mais comme les villes, bourgs, villages, hameaux, etc. les grandes routes et autres chemins, les fleuves, rivieres, lacs, canaux, étangs, etc. les rochers et carrieres ne peuvent être regardés comme territoires, je ne compterai que sur 100 millions d'arpens ; l'arpent de 100 perches de long et une de large, la perche de 22 pieds de roi (1) : lesquels 100 millions d'arpens indivis ; savoir, 36 *millions* en terres labourables à grains, en corps de ferme ou culture réglée ; 10 *millions* en nature de prés à foins de toute espece ; 2 *millions* en pacages et prairies, pour l'engrais des bœufs et la nourriture des jumens et poulains dans les haras et autres lieux ; 6 *millions* d'arpens en vignes ; 30 *millions* en bois de toute espece ; 2 *millions* en parcs, clos, jardins d'agrément et de luxe, comme bosquets, plantations de charmilles et autre espece, garennes, etc. ; 4 *millions* en

---

(1) L'arpent est d'un tiers plus fort que le jour du Pays-messin, qui est de 400 verges.

C

jardins potagers, fruitiers, vergers, pépinieres, et autres terrains en jardinage et
gros légumes; 10 *millions* en petites terres,
landes, terrains friches, pâquis, etc.

Total. . . 100,000,000 d'arpens.

Article premier.

Les 36 millions d'arpens doivent être
partagés en trois parties, dont 12 millions
en froment, 12 en mars et menus grains,
comme pois, vesces, lentilles, haricots, etc.
et 12 en guérets ou jacheres, ne portant
rien, l'arpent en froment peut être estimé
produire, les bonnes terres compensant
les mauvaises; une mesure pesant 100 livres (1), y compris l'impôt sur les dixmes,
et autres droits qui pourront être dûs sur
les terres, laquelle mesure revenant à la
mine ou la moitié du septier de Paris,
peut être estimée, dans tout le royaume,
depuis 8 liv. jusqu'à 5 livres, prix courant,
année commune, et l'une dans l'autre à
6 livres, par rapport au seigle. Ainsi 12

______

(1) Les meilleures terres, dans l'intérieur du royaume,
peuvent produire 10 et même 12 septiers de Paris; les bonnes
9 et 10, les médiocres 5 et 6, et les mauvaises 3 et 4.

Dans les provinces les moins fertiles, les meilleures peuvent
produire 5 ou 6 septiers, les bonnes 4 et 5, les médiocres 2
et 3, et les mauvaises 1 et $1\frac{1}{2}$, déduction faite de la dixme et
autres charges.

millions d'arpens, à 6 livres, donnent un produit de 72 millions, ci . 72,000,000 liv.

Prenant ensuite la moitié de ce prix pour les 12 millions d'arpens en mars et grains ronds, ce sera à 3 livres, produi-sant . . . . 36,000,000 liv.

Les 12 millions en jacheres, ne portant rien, seront réputés francs, à moins qu'on ne leur fasse porter des objets décimables; ainsi ils ne peuvent être comptés que pour mémoire.

Total du produit des terres à grains, etc. . . . . . . 108,000,000 liv.

De cette maniere, les meilleures terres du royaume ne payeront pas, l'une dans l'autre, plus de 4 liv. par arpent, et les médiocres, plus de 30 ou 40 sous : par exemple, une ferme, dans le meilleur sol de la Beauce, n'ayant ni prés ni bois, qui sera composée de 100 arpens, ne payera pas au-delà de 400 livres, tant pour la taille que la capitation, les vingtiemes et sous pour livre, les routes, les aides et gabelles, et généralement tous les autres impôts; lorsqu'il y aura des prés, des bois, etc. on payera plus à proportion. Celles de seconde qualité ne payeront pas plus de 300 ou 350 livres; les médiocres, plus de 200 ou 250; celles de mauvaise, dans tout le royaume, plus 120 ou 150 liv.

Une ferme de 100 arpens de **bonnes** terres, dans la Beauce, est au moins du rapport de 2400 livres, n'ayant ni prés ni bois, et les charges de 1000 liv. au moins, pour le fermier seul (1).

A R T I C L E 2ᶜ.

Prés.

Dix millions d'arpens en prés, de toute espece, tant humides que secs et prés artificiels, comme sain-foin, luzerne, etc. peuvent être estimés l'arpent, rapportant l'un dans l'autre, les bons compensant les mauvais, 3500 liv. de foin. On peut compter sur le 14ᵉ, parce qu'il y a peu de frais à faire, ce sera environ 230 liv. de foin, y compris l'impôt sur les dixmes et autres charges, s'il y en a, lesquels estimés depuis 9 liv. jusqu'à 3 livres, suivant le prix courant du royaume, année commune et l'un dans l'autre, à 6 liv. lesdits 10 millions d'arpens à 6 liv. de rapport, produiront un impôt de 60 millions,

ci .   .   .   .   60,000,000 liv.

Deux millions d'arpens en pacages et

---

(1) Les terres des **Trois Evêchés** et de la **Lorraine**, &c. ne produisent pas le quart, ainsi elles ne payeront qu'à proportion ; mais elles sont susceptibles d'amélioration, lorsqu'elles seront bien cultivées.

prairies, pour engrais des bœufs, etc. estimé l'un dans l'autre à 8 livres, attendu
qu'il n'y a aucun frais à faire, donneront un
produit de 16 millions, ci .   16,000,000 l.

Article 3e.

Vignes.

Huit millions d'arpens de vignes, estimés à 1000 bouteilles ou chopines de Paris,
de rapport par arpent, année commune,
dont on peut prendre le 20e, y compris les
droits des dixmes et autres charges qui fe
prélévent dessus, ce sera 100 bouteilles
l'une dans l'autre, qui, à 4 sous, feront
120 liv. par arpent, pour tous les droits
généralement quelconques, à la charge
tant du maître que du cultivateur, comme
tailles, subvention, capitation, vingtieme,
aides, gabelles, routes, etc. Ainsi les 8
millions d'arpent, à 20 liv. l'un, donneront 160 millions, ci .   .   160,000,000 l.

Article 4e.

Bois.

Trente millions d'arpens en bois, tant
en hautes-futayes, quarts de réserve, que
taillis en coupes réglées, peuvent être estimés en argent, depuis 3 liv. jusqu'à 10

---

(1) L'arpent contient 12 mouées, mesure messine.

sous l'arpent, et l'un dans l'autre à 30 sous
par chaque année ; cette maniere de payer
l'impôt pour les bois, paroît devoir être pré-
férée à celle de payer en gros pour chaque
coupe, parce qu'il est moins onéreux au
propriétaire de payer en détail qu'en gros ;
ainsi 30,000,000 d'arpens de bois, à 30
sous, produiront 45 millions,
ci . . . . . 45,000,000 l.

Deux millions d'arpens en parcs, clos,
garennes, plantations, bosquets, etc. estimés l'un dans l'autre à 5 liv. l'arpent,
donneront un produit de 10 millions,
ci . . . . 10,000,000 l.

Article 5ᵉ.

Quatre millions en jardins de toute espece, tant potagers, fruitiers, que pépinieres et terres à gros légumes, estimés à
4 liv. l'arpent l'un dans l'autre, ce sera
16 millions, ci . . . 16,000,000 l.

Article 6ᵉ.

Les terrains vagues et incultes, petites
terres, marais, etc. contenant un espace
de 10 millions d'arpens, estimés l'un dans
l'autre à 30 sous, feront un total de 15
millions et plus, parce qu'on comprend
dans cet espace, les marais falans, les
sources et fontaines salées, qu'on a esti-

més au nombre des meilleures terres et
prés , l'un dans l'autre à 6 livres ,
ci .   .   .   .   .   .   15,000,000 l.

Résumé du produit de ces différens objets.

Les terres labourables à grains et mars
et grains ronds   .   .   .   108,000,000 l.

Les prés à foin de toute
espece , avec les prairies et
pacages   76,000,000

Les vignes de toute espece
et qualité   .   .   .   160,000,000

Les bois de toute espece ,
avec les parcs , clos, etc. .   55,000,000

Les jardins et terrains en
jardinage et à fruits.   .   16,000,000

Les petites terres, landes ,
fourrieres et marais   .   .   15,000,000

Total 430 millions (1) .   430,000,000 l.

---

(1) On fera peut-être furpris que le produit sur les biens-
fonds soit aussi confidérable , tandis que les vingtiemes , la taille ,
etc. rendent si peu aujourd'hui ; mais si on obferve qu'il y a au moins
un tiers du royaume qui ne paie pas ce qu'il devroit payer ; que le
Clergé , la Nobleffe , les Pays-d'Etat privilégiés et exempts , sont
taxés très-bas ; que les domaines de la Couronne , les apanages des
Princes , et une infinité de gens puissans et de Seigneurs de la Cour
savent se faire décharger, et ne paient rien ; qu'il y a beaucoup d'objets
territoriaux qui ne sont pas imposés , et qu'enfin ces impôts n'étant
répartis que sur des déclarations infidelles , il se trouve peut être
un quart des biens du royaume qui ne payent pas l'impôt , on ne
sera plus étonné.

qu'on pourroit regarder comme produit net , ayant taxé tous les susdits objets un tiers au-dessous de leur valeur , afin que s'il étoit question de mettre le projet à exécution , on pût trouver sur le champ des fermiers pour prendre les baux.

CHAPITRE VIIIe.

TAXE SUR LES MAISONS.

Les maisons, tant de la ville que de la campagne , les châteaux, communautés et couvens des deux sexes , les forges, verreries , manufactures , fabriques de toutes especes , usines généralement quelconques, etc. payeront un 20e.

ARTICLE PREMIER.

On compte en France , d'après M. le Comte de Lamerville , 1360 villes , tant grandes que petites , que j'estime , l'une dans l'autre , contenir , y compris leurs fauxbourgs et banlieues, mille maisons ; ainsi ce seroit 1,360,000 maisons, qu'on peut évaluer depuis 100 liv. et au-dessus, jusqu'à 12 livres, eu égard aux charges qu'il faudra déduire avant, et l'une dans l'autre à 30 livres , en tout 40 millions 800 mille livres , ci . . . . . 40,800,000 l,

A R T I C L E 2ᵉ.

Comptant ensuite 42 mille villages, bourgs, hameaux, couvens, usines, manufactures, fabriques, châteaux, etc. répandus dans les campagnes, composés l'un dans l'autre de 5o maisons chaque, ce sera 2 millions 100 mille maisons, lesquelles estimées depuis 100 liv. et au-dessus, jusqu'à 4 liv. et l'une dans l'autre à 18 livres, donneront un produit de 37 millions 800 mille livres, ci . . 37,800,000 l.

Total de l'impôt sur les maisons, 78 millions 600 mille l. ci 78,600,000 l.

Les propriétaires répondront de la taxe, lorsque les locataires qui en seront chargés, ne la payeront pas.

C H A P I T R E I Xᵉ.

T A X E S U R L E S C H A R G E S.

Les charges et emplois, tant de la Couronne que de la Cour, du Militaire, de la Magistrature et de la Finance, lorsqu'il y aura quelques émolumens y attachés, ainſi que tous les offices de judicature, les Avocats, Notaires, et tous les petits emplois du Gouvernenent, seront classés, commençant à celle de Chancelier jusqu'à la plus modique, pourvu qu'elle rapporte

au moins 200 liv. et taxée depuis la somme
de 300 liv. jusqu'à celle de 6 liv.

Toutes les charges ou emplois qui ne
seront pas à finance , payeront le 20ᵉ des
émolumens et gratifications y attachés :
celles à finance ne payeront le 20ᵉ. que
des intérêts de ladite finance , et non
des émolumens et gratifications , à moins
que ce dernier article ne soit à vie : les
Avocats et autres états libres, mais lucratifs , seront taxés suivant qu'ils seront oc-
cupés , depuis 12 livres jusqu'à 50 ; j'estime qu'il peut y en avoir 300,000 , qui ,
l'une dans l'autre à 30 livres , donneront
un produit de 9 millions, ci. 9,000,000 l.

A R T I C L E   P R E M I E R.

Dans les charges et emplois militaires ,
seront compris les Maréchaux de France,
Amiraux , Lieutenans-généraux , Chefs d'es-
cadre , les Colonels -généraux , les Maré-
chaux-de-camp à appointemens ou à pen-
sion , les Gouverneurs, Commandans, Lieu-
tenans de Roi , Majors , Aide-majors et
Sous-aide-majors , tant des places fortes
qu'autres , les forts, citadelles , châteaux ,
etc. les Commandans de ports , et autres
places et emplois en chef dans ce département , les Inspecteurs , Commandans et
Directeurs d'Artillerie , et tous les emplois

à résidence dans ce département , soit pour les arsenaux , fonderies , écoles , magasins , etc. tous les Inspecteurs d'Infanterie , Cavalerie , Hussards et Dragons ; les Commissaires , Contrôleurs des guerres , Ingénieurs en chef , etc.

A R T I C L E 2ᵉ.

Dans la Magistrature , les Secrétaires d'Etat , les Ministres de tous les départemens , les Chefs de Bureaux et Commis , qui y seront employés. Les Maîtres des Requêtes , les Présidens et Conseillers du Grand-Conseil ; ceux des Parlemens , des Chambres des Comptes , des Cours des Aides et des Monnoies ; des Conseils souverains et supérieurs ; (les Intendans , ceux des Tribunaux d'attribution , comme Bureaux des Finances , Table de Marbre , Maîtrises , Traites , Elections , Greniers à sel , Consuls , etc. si on les laisse subsister). Les Secrétaires et Avocats du Roi. Les Présidiaux , Bailliages , Sénéchaussées , Vigueries, Prévôtés, Châtellenies. Les Avocats , Procureurs , tant du Conseil que des Parlemens et autres jurisdictions. Les Huissiers, les Notaires , Greffiers , et les Clercs en tout genre.

A R T I C L E 3ᵉ.

Dans la Finance , tous les Régisseurs,

Directeurs, Contrôleurs, Trésoriers, Receveur , Payeurs des gages, Commis , etc.
toutes lesquelles charges et emplois seront
classés par les Etats-généraux de chaque
province ; et afin qu'on ne puisse pas se
faire décharger , il y aura un Receveur-
particulier pour lever la taxe des charges
de la Couronne et des emploi à la Cour,
desquelles il sera fait chaque année un
état qui sera imprimé et rendu public ,
ainsi que de l'emplois des deniers en pro-
venans. Toutes les charges qui se trouveront dans les provinces, seront taxées par
les Etats, qui en recevront eux-mêmes le
montant.

CHAPITRE X^e.

ARTICLE PREMIER.

A cette taxe sur les charges , j'ajouterai
la capitation d'industrie , que j'ai annon-
cée, à laquelle seront sujets tous les gens
de Finance , comme Banquiers , Agens de
change , Agioteurs de toutes especes , sous
telles dénominations qu'ils pourront exister.

Les Manufacturiers , Fabricans en tout
genre , les Magasiniers commerçant en gros
et en détail de toutes especes et de toutes
classes, les Négocians , Marchands en gros
et en détail, Colporteurs , tels petits qu'ils

puissent se trouver, tant à la ville qu'à la campagne, qui seront obligés d'être agrégés à quelques corps, et de produire leur lettre par-tout où ils se présenteront, avec la quittance de leur capitation, pour certifier qu'ils ont payé. Il en sera de même des ouvriers, coureurs, ou faisant leur tour de France.

Tous les arts et métiers, tant libéraux que mécaniques, s'ils produisent quelque lucre.

Tous les voituriers, messagers, commissionnaires, carrossiers, les bateliers et marins, qui peuvent avoir des navires, bateaux ou barques pour le transport des marchandises, tous les intendans de seigneurs, les régisseurs de biens, les maîtres d'hôtel, les écuyers, secrétaires, etc. tous les commis de bureaux en tout genre, les facteurs dans le commerce des vins, bois ou autres objets, estimés en totalité au quart, et même au tiers des habitans de la France, ou 6 millions d'individus, taxés depuis 5oo livres et au-dessus, si le cas y échet, jusqu'à 6 livres, et l'un dans l'autre à 5o livres pour toutes impositions quelconques.

Dont le produit total sera de 3oo millions, ci. 3oo,ooo,ooo

Tous les rentiers payeront un vingtieme

de leur fonds. Les gens à billets travail-
lant l'argent, seront d'abord taxés selon
leur fortune apparente, et comme il y en
a qui savent la cacher et qui ne figurent
pas à proportion de leurs moyens, les
États-généraux tâcheront de se procurer
des connoissances sur leur trafic plus ou
moins étendu, ou les taxeront sur la
commune renommée ; et s'ils sont dans le
cas de s'en plaindre, ce sera à eux de
démontrer, par des preuves sans réplique,
qu'ils sont trop taxés ; parce que cette
classe de Citoyens ne peut pas être crue
sur des dires : ce commerce usuraire et
contraire à la société, tendant à ruiner la
jeunesse, les familles et le commerce le
mieux établi, l'arbitraire dans cette classe
ne peut préjudicier à l'impôt, parce que
ce trafic étant casuel, la taxe qui sera
mise sur eux sera regardée de même.

Il n'en sera pas de même des marchands,
commerçans, fabricans et manufacturiers
qui pourront être taxés selon le nombre
d'ouvriers qu'ils emploieront, sur-tout
pour les arts et métiers, comme les marchands de modes, etc.

Article 2e.

Seront également soumis à la capitation
d'industrie, les ouvriers, compagnons en

tout genre et de tout sexe, soit dans les fabriques, manufactures, verreries, forges; ceux d'arts et métiers, tels que les charrons, menuisiers, serruriers, charpentiers, maréchaux, tonneliers, tailleurs, perruquiers, cordonniers, marchands, etc. tous les manœuvres en bâtimens et autres sur les ports, dans les halles, les douanes, les foires et marchés, les porteurs d'eau, décroteurs, estimés au sixieme des individus ou à 4 millions, taxés depuis 12 livres jusqu'à 3 livres, et l'un dans l'autre à 6 livres, qui fourniront un impôt de 24 millions, ci . . . . . . 24,000,000.

Article 3e.

Enfin tous les domestiques généralement quelconques, tant de seigneur que de particulier, soit de la ville ou de la campagne, des deux sexes, et tous ceux qui peuvent tirer quelques salaires de leur service, etc. estimés en totalité au huitieme d'individus du royaume au moins, ou à 3 millions, taxés depuis 6 livres jusqu'à 1 livre, et l'un dans l'autre à 3 livres, lesquels produiront une somme de 9 millions (1), ci . . . . . . 9,000,000.

______

(1) La taxe sur les ouvriers et domestiques, est fondée sur ce qu'ils payent aujourd'hui, près du double de ce qu'ils payeront,

Quoique je ne porte ici qu'à 13 millions le nombre d'individus qui seront sujets à la capitation d'industrie, il est cependant certain qu'il pourra y en avoir au moins 3 millions de plus, parce que le clergé, la noblesse, les propriétaires de biens-fonds, les rentiers, les cultivateurs maîtres, les mendians, les femmes et les enfans, ne peuvent pas faire le tiers du royaume ; la plupart des propriétaires de fonds, des rentiers, faisant quelques commerces ou ayant quelques emplois ou charges ; beaucoup de cultivateurs faisant quelques petits négoces indépendamment de leur culture, soit en bestiaux, grains, farine ou bois, etc. et un grand nombre des femmes et filles étant dans le service ou ouvrieres.

A R T I C L E 4ᵉ.

Maniere de lever la taxe sur les charges et emplois.

Toutes personnes qui posséderont quelques charges et emplois qui ne seront point attachées à quelques corps, compagnies

---

et qu'en outre les ouvriers sur-tout gagneront plus que personne, par la suppression des gabelles, des aides, des droits sur le tabac, de ceux d'entrées, parce qu'achetant tout en détail, ils payent beaucoup plus cher.

ou

ou communautés, etc. seront obligées de venir payer chez le trésorier ou receveur de la ville où elles se trouveront, ou de la ville la plus prochaine dont elles dépendront, si elles demeurent dans la campagne, comme aujourd'hui la capitation.

Toutes celles dont les charges ou emplois seront attachés à quelques compagnies, corps ou communautés, payeront entre les mains d'un membre qui sera désigné par lesdits corps, etc. qui en répondront, lequel versera la somme en provenant dans la caisse la plus voisine, sans frais.

Article 5ᵉ.

Maniere de lever la capitation d'industrie.

Tout individu n'appartenant à aucunes compagnies, corps ou communautés, etc. sera taxé comme pour la capitation ordinaire, à-peu-près à un vingtieme, et payera entre les mains du receveur de la ville où il demeurera, ou de celle la plus prochaine, s'il demeure dans la campagne; tous ceux qui seront attachés à quelques compagnies, corps ou communautés, payeront entre les mains d'un des membres par eux désigné, qui versera dans la caisse du receveur de la ville où ils feront leur

D

domicile, ou dans celle la plus proche, sans frais; les compagnies, corps et communautés, etc. en répondront en commun. Les maîtres en tout genre répondront pour leurs ouvriers et domestiques.

Résumé du produit de la capitation d'industrie.

Tant pour la finance que pour le commerce, etc. et les rentiers. . 3oo,ooo,ooo

Pour les ouvriers et autres, etc. gagnant leur vie par le travail. 24,ooo,ooo

Pour les domestiques en tout genre des deux sexes. . . . 9,ooo,ooo

Total. . . 333,ooo,ooo

Résumé du produit des différens impôts.

Tous les différens objets de l'impôt territorial. . . . 43o,ooo,ooo

La taxe des maisons, tant de la ville que la campagne. 78,6oo,ooo

La taxe sur les charges et les gens de palais. 9,ooo,ooo

La capitation d'industrie en totalité 333,ooo,ooo

Total. . . . 85o,6oo,ooo

CHAPITRE XIe.

Si on ajoute à ces sommes un modique impôt sur le sel, le produit des postes, celui des domaines de la couronne et des droits domaniaux, comme le contrôle, les francs-fiefs, etc. les droits d'entrée et de sortie du royaume, les loteries, etc. les Etats-généraux assemblés, pourront solliciter de la bonté du Roi, la suppression générale des impôts actuels, des Fermiers-généraux, et avec eux celle de l'armée de gardes de sel et de tabac, qui seront confinés sur les frontieres du royaume, sur les ports et côtes de la mer, partie pour empêcher la contrebande étrangere, partie pour garder et défendre les côtes en cas de descente ou d'incursion de la part des ennemis du dehors ; afin d'empêcher au moins pour le présent, cette espece d'hommes habitués à la paresse, de devenir vagabonds et de troubler le repos de l'Etat.

ARTICLE PREMIER.

Produit de l'impôt sur le sel.

L'abondance des salines de France, et la quantité de sel qu'on en tire, peut être regardée comme une des plus grandes ressources qu'elle puisse avoir pour le commerce , tant intérieur qu'extérieur. Tout le monde sait combien le régime actuel des fermes est contraire au commerce et à l'agriculture ; quel tort il fait aux sujets du Roi , qui sont privés d'une infinité d'avantages que cet objet de premiere nécessité leur procureroit ; quelle quantité de sel les Fermiers - généraux laissent gâter pour empêcher la contrebande, ce qui est toujours au détriment de l'Etat? Combien de sujets, n'ayant d'autres ressources pour vivre que ce commerce prohibé contre le droit naturel , sont exposés , ou à périr en se défendant , ou à languir dans les fers , éloignés de leurs femmes et leurs enfans , qui maudissent le Prince qui a pu admettre des loix aussi infernales , et les monstres qui sont assez vils et inhumains pour les faire exécuter.

La France ne consomme, année commune, que quatre à cinq cents millions de livres de sel y compris la contrebande, et ce qu'on emploie pour la pêche. Mais combien cette consommation n'augmenteroit-elle pas, s'il n'y avoit plus d'entraves, et que le sel fut marchand ; chaque ménage en consommeroit d'abord le double de ce qu'il en consomme aujourd'hui , soit dans sa nourriture ordinaire , soit en en mettant dans le pain , et faisant des salaisons qui feroient un accroissement d'objets pour le commerce, et ensuite elle tripleroit lorsque le cultivateur auroit la facilité d'en donner aux bestiaux, d'en mêler avec le foin et les engrais, etc. C'est alors que le bétail de toute espece multiplieroit, et qu'on ne verroit plus de ces épidemies qui désolent des provinces entieres, par la perte des bestiaux, d'où résulte la cherté de la viande et la ruine des malheureux cultivateurs; ainsi au lieu de 400 millions, on pourroit donc compter d'abord sur un milliard au moins pour l'intérieur, qui, payant 3 deniers par liv. à la sortie de la saline, produiroit un impôt de 12,500,000 liv.

Malgré les difficultés qu'éprouve l'étranger de la part des Fermiers-généraux, il en exporte aujourd'hui au moins un milliard; mais si le sel étoit libre, il est certain qu'il en enleveroit le double, le sel de France étant d'une qualité supérieure aux sels étrangers.

Ainsi comptant sur deux milliards, à 6 deniers de droit par livre pour l'étranger, savoir, 3 deniers à la sortie de la saline et 3 deniers à la sortie des ports ou barrieres qui seront aux frontieres, ce seroit 50 millions qui, joint avec 12,500,000 liv. de la consommation intérieure, forme-

roient un total de 62 millions 5oo mille
livres, ci. . . . . 62,5oo,ooo liv.

La Lorraine et les Evêchés, l'Alsace,
la Franche-comté, etc. faisant venir du
sel marin qui leur reviendroit à 3 sous la
livre, gagneroit davantage que de payer
celui qu'on extrait dans ces provinces à 1
sou 6 deniers ; 1°. parce qu'il sale le double, et ensuite parce que les Fermiers-généraux ne pouvant plus mettre le prix au
bois qui leur seroit nécessaire pour extraire
leur sel, ils en consommeroient moins,
et il seroit moins cher.

ARTICLE 2e.

Le rapport des Postes est connu, il se
porte à une somme de 12 millions, déduction faite de tous les frais. On pourroit diminuer les ports de lettres et en en char-
geant les Etats-provinciaux, sous l'administration du Gouvernement, l'Etat y
gagneroit beaucoup.

ARTICLE 3e.

Les revenus des domaines de la Couronne, qui se montent aujourd'hui à 12
millions seulement, y compris la vente des
bois, pourroient être doublés et même tri-
plés, s'ils étoient affermés comme les biens
des autres propriétaires du royaume, et

non laissés à une infinité de courtisans et engagistes qui n'en paient presque rien; tout le monde sait la déprédation qui se fait dans les forêts, dont les bois ne sont pas vendus la moitié de leur valeur : l'offre qui a été faite au Gouvernement, il y a quelques années, par une compagnie, en est une preuve; ainsi cet objet qui, de sa nature, devroit être le soutien de la splendeur du trône, peut être regardé par l'emploi qu'on en fait dans le régime actuel, comme un article nul pour l'État, ci 12,000,000

Cet article mérite toute l'attention des Etats-généraux, qui doivent demander la rentrée de tous les biens qui en dépendent, sauf à laisser ceux qui ont été légitimement engagés à ceux qui les occupent, pourvu qu'ils ne soient pas à vil prix; car alors le Gouvernement seroit dans le cas de les indemniser, par un rachat proportionné, s'ils ne pouvoient en donner le prix en fermage ou rente, et non par une somme en argent comptant, une fois payée, comme cela a été fait tant de fois. L'emploi qu'on pourroit en faire seroit de donner à un sujet distingué, qui auroit bien servi l'Etat, soit dans le militaire ou la robe, etc. un domaine à vie, à charge d'en payer une redevance annuelle d'un tiers, ou moitié au-dessous de sa valeur , selon l'étendue ou le produit plus ou moins considérable du domaine : alors l'Etat seroit moins grevé par les pensions , qu'on donne le plus souvent par faveur , à des gens qui n'ont d'autre titre , pour les obtenir , que la protection. Si un domaine étoit trop considérable , il pourroit être divisé ; de cette maniere , les domaines de la Couronne deviendroient profitables à l'Etat , ils seroient pour les sujets laïques , tant nobles que roturiers , comme des bénéfices. Les salines du Roi seront affermées à des particuliers , et seront sujettes aux mêmes impôts que celles des propriétaires.

Article 4ᵉ.

A l'égard des droits domaniaux, comme franc-fief, contrôle, droits d'hypothéque et de greffe , épaves , monnoies , etc. tout ce qui appartient à la souveraineté , doit être conservé. Ces objets , qui rapportent au Roi environ 36 millions net , pourroient être beaucoup réduits, attendu que l'origine de la plupart de ces droits est contraire à l'équité , qu'ils n'ont été établis que pour subvenir aux besoins de l'Etat dans des momens de crise.

Les francs-fiefs paroissent être dûs au Roi à cause de sa souveraineté , et pour faire une distinction entre le noble et le roturier, auquel on a permis d'avoir des biens qu'il n'étoit pas apte à posséder. Ce droit, tout légitime qu'il est, greve cependant un peu trop les sujets, en ce qu'il les met dans le cas de déranger leur fortune, en le payant en une seule fois. Si le Roi au lieu de lever le revenu total de la 20e année, ne levoit qu'un 40e tous les ans à perpétuité, cela greveroit bien moins; et la distinction entre le noble et le roturier seroit conservée, ainsi que le droit de la souveraineté du Prince.

Le contrôle, les droits pour le tableau des hypothéques, peuvent être conservés, parce qu'ils tiennent à l'ordre public, à la sûreté des titres et propriétés; mais il seroit bien nécessaire de réduire ces droits, de maniere qu'il soient moins onéreux, et qu'on puisse tirer l'avantage qu'on se propose par leur conservation.

Les droits de greffes, ceux d'épaves, des monnoies, etc. étant des droits attachés à la souveraineté, doivent être conservés, mais mitigés, sur-tout les droits de greffe. Les doléances des peuples, relativement à la cherté de la justice, tombent sur cet objet et sur le contrôle.

Les autres articles levés par le domaine, comme le 100e denier, l'insinuation, les droit de nouvel acquêt, etc. paroissent de-

voir être supprimés, n'ayant été établi que
pour avoir de l'argent.

Si le Clergé contribue comme les autres
Sujets de l'État, il paroît naturel que les
charges particulieres dont il est grevé ,
soient également supprimées ; ainsi je ne
porterai cet article , qui est aujourd'hui
à 36 millions, qu'à 12 millions,
ci 12,000,000

Article 5ᵉ.

A la rigueur on peut conserver les loteries , parce qu'elles ne sont pas un impôt
direct mais volontaire , et parce que si
on les supprimoit , il sortiroit beaucoup
d'argent du royaume pour mettre aux loteries étrangeres, comme cela est déja arrivé. ,
elles produisent aujourd'hui environ 12
millions , mais elles pourront beaucoup
augmenter lorsqu'on aura la facilité d'y
mettre. Les cartes paroissent y être comprises ; cependant si on examine les inconvéniens qui en résultent , on doute s'il ne
vaudroit pas mieux les supprimer. La
Nation en décidera , ci. . 12,000,000.

Article 6ᵉ.

Les droits d'entrées et de sorties du
royaume , formeront un article d'autant
plus considérable , quand il n'y aura plus

59

d'entraves dans l'intérieur , et que les droits seront modiques , qu'il ne pourra plus y avoir de contrebande , et que la consommation doublera ; on peut les évaluer à 3o millions , parce que si aujourd'hui cet article ne produit pas tout ce qu'il devroit produire , ce n'est qu'à cause de la contrebande et du peu de consommation , et parce que les Fermiers-généraux font un profit énorme sur le Roi , et que les frais de perfection sont considébles ; ces droits étant modifiés et en régie , l'impôt tournera au profit de l'Etat dans son entier, ci. 3o,000,000

Récapitulation des articles qui pourront être conservés.

L'impôt sur le sel à la sortie des salines du royaume, ci. 62,500,000

    Le produit des postes. . 12,000,000

    Domaines de la couronne. 12,000,000

    Des objets domaniaux. . 12,000,000

    Les loteries et cartes. . 12,000,000

    Les droits d'entrées et de sorties du royaume. 3o,000,000

        Total. . . 14o,5oo,000

Lesquels joints aux 85o millions 6oo mille livres ci-dessus

provenant des nouveaux impôts, ci 85o,6oo,ooo

Feront un total de . . 991,1oo,ooo

Qui pourront servir, non-seulement à remplacer tous les impôts actuels, mais même à rembourser partie des dettes de l'Etat, au lieu de faire un emprunt, comme le demande M^r. de Lamerville.

CHAPITRE XIIe.

ARTICLE PREMIER.

Application des nouveaux impôts.

Le produit de l'impôt territorial, partie en nature, partie en argent, montant à la somme de 43o millions, pourra remplacer les tailles et la subvention, les vingtiemes et sous pour livre, la capitation, les impositions locales, les droits perçus par les pays-d'Etat; les décimes du Clergé, les corvées, les aides, la ferme du tabac, les droits de péage des barrieres de l'intérieur, les droits recouvrés par les Princes ou les engagistes, les droits de rachat perçus sur les biens du Clergé, etc. produisant ensemble, déduction faite des frais de perception, 396 millions; sa reproduction annuelle sera garante de l'immutabilité de cet impôt, qui servira d'hypothéque aux créanciers de l'Etat, dont les rentes sont affectées sur les gabelles, les aides, etc.

Article 2e.

Le produit de l'impôt des maisons montant à la somme de 78 millions 900 mille livres, suppléera au précédent en cas d'insuffisance, pour remplacer les objets désignés dans le premier, et remplacera en outre les octrois des villes, ceux d'hôpitaux et chambres de commerce ; la taxe attribuée aux Gardes-françoises à Paris, les logemens de gens de guerre, tant dans les villes que dans les campagnes, et les milices; dont le produit monte aujourd'hui à environ 30 millions, y compris la ferme des messageries, si vexatoire pour les voyageurs.

Article 3e.

Le produit de la taxe sur les places et emplois, qui est de 9 millions, remplacera les revenus casuels, comme le marc d'or et tout ce qui se préleve sur les charges, le centieme denier, le droit de sceau, la bulette, montant ensemble à environ 8 millions.

ARTICLE 4e.

L'impôt provenant de la capitation d'industrie montant à 333 millions, remplacera le surplus de ceux qui existent, et servira à rembourser les fonds des Fermiers-généraux, les charges qui seront dans le cas d'être supprimées dans les tribunaux d'attribution, les rentes perpétuelles, celles du Clergé, des hôpitaux et des villes, qui ont été obligés d'emprunter pour venir au secours de l'Etat, ainsi que celles des arts et métiers, etc. (1).

ARTICLE 5e.

Les gabelles seront remplacées par l'impôt du sel, qui pourra se porter de 40 à 60 millions; cet impôt étant relatif à la consommation, il pourroit arriver qu'il surpassât cette somme.

ARTICLE 6e.

Le produit des entrées et sorties du

(1) Il seroit à desirer que toutes les maîtrises soient supprimées; mais afin qu'il n'y ait point d'anarchie parmi les membres des différens corps et métiers, on pourroit les laisser subsiter en communauté sans payer de maîtrise, ni de ces droits qui écrasent les pauvres ouvriers lorsqu'ils veulent passer maître; on les obligeroit seulement de se faire enregistrer, et après avoir fait preuve de leurs talens, on leur donneroit une lettre d'admission.

royaume sur les ports et aux barrieres des frontieres, remplacera les bureaux de péages, etc. de l'intérieur, ainsi que ceux d'entrée et de sortie des différentes provinces réputées étrangeres.

CHAPITRE XIIIe.

ARTICLE PREMIER.

On pourra accorder aux villes qui sont d'un grand entretien un modique droit d'entrée sur tous les objets de commerce venant de l'étranger, ainsi que sur ceux de luxe, et sur les bestiaux, gibier, poisson, etc. propres à leur consommation. Tout ce qui viendra du cru des propriétaires sera franc, lorsque ce sera pour leur usage; mais le Roi ne pourra rien tirer sur ces objets.

Moyennant ces entrées, tous les droits sur le bled et le vin seront supprimés, tant dans les villes que dans les campagnes, à moins qu'ils ne fassent partie des propriétés des Seigneurs ou autres particuliers, auquel cas on leur racheteroit ces droits, ou on les indemniseroit.

ARTICLE 2e.

Les dixmes appartenant au Clergé, ou à des particuliers nobles ou roturiers, ne pourront être attaquées , parce qu'elles font partie des propriétés , et que de leur nature elles sont imprescriptibles , particulierement les anciennes ; tout ce qu'on pourroit faire en faveur des peuples à ce sujet, seroit de supprimer les dixmes novales depuis 1767, et d'affranchir tous les terriens qu'on défrichera dans la suite.

Article 3ᵉ.

Les cens , rentes , champarts , avenages , terrage , etc. et autres droits seigneuriaux qui seront en nature , pourront être rachetés , lorsqu'ils seront représentatifs du prix du fonds qui en sera chargé ; mais il sera réservé une modique redevance pour preuve de la suzeraineté , dont chaque Seigneur est tenu de faire foi et hommage au Roi. Tous ceux qui ne seront pas seigneuriaux , lorsqu'on ne pourra les racheter , au lieu d'être payés en nature , seront évalués et payés en argent. Tous ces droits faisant partie des propriétés , lorsqu'ils sont fondés sur des titres légitimes , on ne peut y toucher sans injustice.

Par ce moyen , toutes les entraves étant supprimées , le cultivateur ayant plus de facilité de bien cultiver , se livrera tout entier à faire fleurir l'agriculture , à tirer le meilleur parti possible de la ferme qui
lui

lui sera confiée , parce qu'il sera sûr du débit de ses productions. Les objets de commerce étant plus multipliés , ils se régénéreront et s'étendront, l'abondance régnera par - tout , le bonheur de la France sera durable et envié de tous ses voisins.

CONCLUSION.

Après avoir donné un apperçu du produit de l'impôt territorial , etc. démontré la possibilité qu'il y a de suppléer à tous les impôts qui grevent aujourd'hui la Nation, et de payer ses dettes sans emprunts, toujours profitables à un petit nombre , et ruineux pour l'Etat , il reste à faire la répartition de l'impôt entre les différentes provinces ; mais ce travail demandant une connoissance exacte du territoire , de la fertilité , du prix des différentes productions propres à chacune, le nombre de villes , villages et habitans qu'elles contiennent, ainsi que de l'étendue et de l'espece de commerce qui s'y fait.

On ne croit pas devoir l'entreprendre avant qu'on ne soit sûr que ce projet sera accueilli favorablement et même adopté ; parce que cette entreprise est absolument indépendante de l'état actuel des impositions, qui ne peut servir de base dans la circonstance présente, où la Noblesse et le Clergé consentent à payer comme le Tiers.

Il faut encore observer que si les provinces qui ont fait partie de la Monarchie dès son origine, sont plus chargées d'impôts que celles qui ont été réunies à la Couronne ou conquises depuis, ce n'est pas qu'elles ayent eu moins de titres que celles-ci d'être ménagées ; mais parce qu'ayant été obligées de fournir aux charges de l'Etat dès le commencement, le Gouvernement a accumulé sur elles, par la force, les impôts, qui auroient dû être communs aux autres provinces, sans égard aux anciens, dont elles étoient déja grevées ; tandis que celles réunies et conquises ont opposé leurs privileges, et la résistance la plus ferme, ou pour n'y être pas comprises, ou pour au moins obtenir des abonnemens avantageux, qui ont toujours tourné à la charge des premieres. Or la force ne pouvant faire un titre contr'elles, et la prescription ne pouvant leur être opposée, sur-tout dans la circonstance, où tout concourt à établir la plus parfaite égalité dans la répartition, il est donc de toute justice d'y avoir égard.